अन्तरमंथन

कविता संग्रह

डॉ अपूर्वा चावला

BookLeaf Publishing
India | USA | UK

Made with ❤ on the BookLeaf Publishing Platform
www.bookleafpub.in
www.bookleafpub.com

Dedication

समर्पण

मेरी प्रिय माँ, **डॉ. भूषण चावला** को,
जिनका प्रेम, मार्गदर्शन, और अटूट विश्वास मेरे जीवन की नींव रहे।

आपकी ममता और स्नेह की छाया ने मुझे हर चुनौती से लड़ने की शक्ति दी। आपके बिना जीवन अधूरा है, पर आपकी यादें और आपके विचार मेरे हर कदम में समाहित हैं।

यह काव्य संग्रह **"अन्तरमंथन"** आपकी स्मृति को समर्पित है।
इन कविताओं में आपका स्नेह, आपकी सीख, और आपकी आत्मा की गूँज है।
आपने मुझे जीवन की गहराई को समझने का मार्ग दिखाया,
और इस पुस्तक के हर शब्द में आपकी प्रेरणा झलकती है।
आप मेरे विचारों और मेरी भावनाओं का स्तंभ हैं,
और हमेशा मेरी आत्मा का हिस्सा रहेंगी।
आपकी बेटी,
डॉ. अपूर्वा चावला

Preface

प्रस्तावना

"अन्तरमंथन" मेरा काव्य संग्रह है, जो मेरे भीतर की भावनाओं, विचारों, और अनुभवों का प्रतिबिंब है। यह कविताएँ केवल शब्दों का संग्रह नहीं हैं, बल्कि मेरे जीवन के उन क्षणों का सार हैं, जब हृदय ने अपने भीतर झाँककर स्वयं को समझने की कोशिश की।

यह संग्रह विभिन्न भावनाओं का एक सुंदर समागम है—प्रेम की गहराई, बिछोह का दर्द, दुःख की गंभीरता, और खुशी के छोटे-छोटे पलों की मिठास। इन कविताओं के माध्यम से, मैंने जीवन के विभिन्न पहलुओं को समझने और व्यक्त करने का प्रयास किया है। जीवन के उतार-चढ़ाव, उसके संघर्ष, उसकी मिठास और उसकी जटिलता को इन पंक्तियों में संजोया है।

"अन्तरमंथन" केवल मेरे व्यक्तिगत अनुभवों की अभिव्यक्ति नहीं है, बल्कि यह उन भावनाओं का भी प्रतिनिधित्व करता है, जिनसे हम सभी कभी न कभी गुजरते हैं। ये कविताएँ जीवन की एक टिप्पणी हैं—उसकी सादगी और गहराई दोनों पर। जीवन हमें कभी प्रेम से सराबोर करता है, तो कभी बिछोह की पीड़ा देता है। कभी यह खुशी के उजाले से भर जाता है, तो कभी दुःख के अंधेरों में खो जाता है। यह कविताएँ इन सभी पहलुओं को समेटने का प्रयास हैं।

इस संग्रह के माध्यम से, मैंने आत्मनिरीक्षण की उस यात्रा को व्यक्त किया है, जिसने मुझे खुद को और अपने आसपास की दुनिया को बेहतर तरीके से समझने में मदद की। मेरा विश्वास है कि ये कविताएँ पाठकों को न केवल उनकी अपनी भावनाओं और अनुभवों से जोड़ेंगी, बल्कि उन्हें जीवन की सुंदरता और उसकी गहराई का भी एहसास कराएँगी।

यह संग्रह मेरी आत्मा की गूँज है, जिसे मैं आप सभी के साथ साझा करने के लिए प्रस्तुत कर रही हूँ। आशा है कि ये कविताएँ आपके हृदय को छू सकेंगी और आपके भीतर भी अंतरमंथन की भावना जाग्रत करेंगी।

सादर,

डॉ. अपूर्वा चावला

Acknowledgements

आभार

जैसे ही मैं अपनी कविताओं का यह संग्रह *"अन्तरमंथन"* आप सभी के समक्ष प्रस्तुत कर रही हूँ, मुझे यह भली-भांति अहसास है कि यह कार्य मेरे जीवन के कई प्रियजनों के प्रेम, समर्थन और प्रोत्साहन के बिना संभव नहीं हो पाता।

सबसे पहले, मैं अपनी दिवंगत माँ डॉ भूषण चावला, के प्रति अपनी गहरी कृतज्ञता प्रकट करना चाहती हूँ, जिनका प्रेम, ज्ञान, और साहस मेरे जीवन की मार्गदर्शक रोशनी रहे हैं। उनकी उपस्थिति इन कविताओं के हर शब्द में महसूस होती है, और उनकी स्मृतियाँ मुझे हर दिन प्रेरित करती हैं। यह पुस्तक, कई मायनों में, उस अद्भुत स्त्री को समर्पित है जो मेरी माँ थीं।

मेरे पिता, प्रॉफ् आर. एस. चावला, जिन्होंने हमेशा मुझ पर विश्वास किया और मुझे लिखने के प्रति अपने जुनून को पूरा करने के लिए प्रेरित किया। आपका अटूट समर्थन मुझे अपने सपनों को साकार करने का साहस देता है, और इसके लिए मैं सदैव आभारी हूँ।

अपने पति, शुभ्रत पूरकायस्थ, के प्रति मैं विशेष आभार प्रकट करती हूँ, जो मेरे जीवन के आधार और शक्ति का स्तंभ हैं। आपका निरंतर प्रोत्साहन और समझ इस यात्रा में अमूल्य रहे हैं। हर प्रयास में आपने मेरा साथ दिया है, और मेरे काम पर आपका विश्वास मेरे लिए असीम सांत्वना और प्रेरणा का स्रोत रहा है।

अपने प्यारे बेटे, अनिरूद्ध पूरकायस्थ, के प्रति मेरा दिल भर आता है, जिसकी युवा भावना और जिज्ञासा मुझे दुनिया की खूबसूरती और अद्भुतता का एहसास कराते रहते हैं। तुम मुझे नई दृष्टि से जीवन देखने के लिए प्रेरित करते हो, और तुम्हारा प्यार मेरे दिल को अनंत खुशियाँ देता है। मुझे आशा है कि इन कविताओं में वे पाठ प्रतिबिंबित होते हैं जो मैंने सीखे हैं और तुम्हें सिखाना चाहती हूँ।

अपनी बहन, अंशुलिका माहना, को जिन्होंने एक विश्वासपात्र, मित्र, और असीम समर्थन का स्रोत बनकर मेरे जीवन को धन्य किया है। तुम्हारे विचार, प्यार और प्रोत्साहन मेरे लिए अनमोल हैं, और मैं हमारे साझा बंधन के लिए बेहद आभारी हूँ।

अंत में, मैं उन सभी पाठकों के प्रति अपनी हार्दिक कृतज्ञता व्यक्त करना चाहती हूँ, जो इन कविताओं की यात्रा में मेरे साथ होंगे। आपके इस संग्रह के प्रति जुड़ाव से इसे जीवन मिलता है, और इसके लिए मैं अत्यंत आभारी हूँ।

आप सभी का इस यात्रा में मेरे साथ होने के लिए धन्यवाद। यह पुस्तक जितनी मेरी है, उतनी ही आपकी भी है।

सदैव कृतज्ञ,

डॉ. अपूर्वा चावला।

1. मेरा मन

टूटी हुई नाव
बिखरी हुई रेत
तड़की हुई बांसुरी
थमी हुई तान
खाली सीपी और पतझड़ का पेड़ नहीं_
यह कोई कविता नहीं
प्रत्युत मेरा
मन है
इसकी उदासी को छुओ मत
सहने दो
मेरी इस भटकन को
मुझ तक ही
रहने दो

2. सारे सवाल हमारे ही अंदर

सारे सवाल हमारे ही अंदर,
सभी जवाब भी वहीं छिपे हैं।
जिन्हें ढूंढते हैं जग की राहों में,
वो रास्ते भी तो हमीं से निकले हैं।

हर उलझन का सिरा हमसे जुड़ा है,
हर समाधान का मूल भी यहीं है।
जो झाँक सके अपनी गहराई में,
वो जान लेता है, सबकुछ यहीं है।

मन का समंदर शांत हो जब,
उत्तर सतह पर उभर आते हैं।
सवाल-जवाब का खेल ये सारा,
हमारे भीतर ही सिमट जाते हैं।

धुंधलका हटे जो भ्रमों का एक पल,
सच का सूरज चमकने लगता है।
अंधेरों में जो ढूंढें चिराग अपना,
उनका रास्ता खुद बनने लगता है।

हर दर्द, हर खुशी, हर चाहत,
हमारी आत्मा का प्रतिबिंब है।
जो सुन सके मौन की भाषा,
वहीं असली ज्ञान का स्त्रोत है।

जीवन के ये प्रश्न तो साधन हैं,
खुद को समझने की एक डगर है।
जो खोज सके स्वयं का अस्तित्व,
वो ही सच्चा पथिक और सफर है।

सारे सवाल हमारे ही अंदर,
सभी जवाब भी वहीं छिपे हैं।
जो झांक सके अपने अंतरमन में,
वो खुद में ही सारा जहान पा ले।

3. निराशा-हताशा

जब भी मैं जिंदगी से
हो जाती हूं हताश--
तो यह निराशा-हताशा
खुशी और दर्द
कर देते हैं बाध्य-- लिखने को
मेरी व्यक्तिगत अभिव्यक्तियों - अनुभूतियों
संवेदनाओं और प्रतिक्रियाओं का समावेश ही
बन जाता है मेरा लेखन
मैं
कविता लिखनी नहीं
शब्द स्वयं बना लेते हैं माध्यम मुझे
अपनी अभिव्यक्ति का --
और मन एक सुकून पा जाता है

4. मोहब्बत का मौसम लौट आए

पीपल के सूखे पत्ते बिना आहत अगर बिखर जाएं,
तो शिकायत किसे हो,
हमें तो हरी पत्तियों के उत्साह के कत्ल का गम् है।
आप अगर सीमाएं भी लाँघ कर इज़हार करें इश्क़ का,
तो शिकायत किसे हो,
हमें तो आपके प्यार को दिल में छिपाए रखने का गम् है।

हर शब्द जो तुमने अधरों पर रोका,
उसकी गूँज आज भी हवाओं में है।
हर चाहत जो तुमने चुपचाप दफनाई,
वो धरती की परतों में सिसकती मिलती है।
शिकायत नहीं, बस गिला है,
क्यों हमने खामोशी को अपना गवाह चुना।

जिन आँखों में सपनों का समंदर था,
वो आज सूने किनारे पर ठहरी हैं।
जिन धड़कनों में था प्रेम का संगीत,
वो अब विरह की लय पर थमती सी लगती हैं।
शिकायत नहीं, बस अफ़सोस है,
क्यों हमने दूरी को अपना साथी बना लिया।

वक्त की सुइयों ने जो दिल चीर डाला,
उसकी मरहम भी तो कहीं छुपी होगी।
रिश्तों की माटी जो सूखी पड़ी है,

उसमें बारिश की बूँदें फिर भी गिरेंगी।
शिकायत नहीं, बस यकीन है,
कि कहीं न कहीं, यह कहानी मुकम्मल होगी।

तो आओ, हर खता को भूल जाएं,
हर दर्द को उम्मीद से धो लें।
पीपल के पत्तों की तरह बिखरें,
मगर हरियाली का सपना फिर से बो लें।
शिकायत नहीं, बस दुआ है,
कि मोहब्बत का मौसम लौट आए।

5. स्त्रोत की खोज

कई बार चुप चाप बैठी रह कर,
मैं सोचती हूँ- सोचती हूँ
कि क्या हो नहीं सकता ऐसा
कि जब बाहर सब सोया हो
भीतर सब जाग उठे।

कहीं न उठे मन में कोई लहर,
विचारों का प्रवाह - भावों का आन्दोलन,
अन्तर्विरोधों का संघर्ष,
और द्वंद्वों का मंथन -----
सब थम जाए।

एक जल स्त्रोत - सा बन जाए अंतर में,
जिसका गहरापन मेरा हो --
नितांत मेरा।
जहां न हो शोर कोई, न हो हलचल,
सिर्फ शांति का संगीत बहता हो।

जहां हर भावना का गान ठहर जाए,
और आत्मा अपने सत्य को पहचान पाए।
उस स्त्रोत में झांकू मैं,
तो देखूं अपना असली रूप,
जो छल-प्रपंच से परे है,
बस, एक अडिग सत्य,

मेरा अपना अनहद स्वरूप।

क्या यह संभव है?
क्या इस अशांत संसार में,
मैं खोज पाऊं वह स्त्रोत,
जो मेरी आत्मा की गहराई से,
मुझे मुझसे मिलाए?

6. मेरे भीतर की झील

मेरे अंदर एक झील थी,
जब-जब भी उठता था मन में ज्वार–
पीड़ा का, व्यथा का, विवशता का,
तब-तब वह झील मेरी आँखों में उतर आती थी।
तब तक सब ठीक था।

पर जब से वह झील
बर्फ की सिल्ली बन गई है,
तब से ----
बहुत भारी हो गई है।
अब मन पर बढ़ता ही जा रहा है उसका दबाव–
मेरे चारों ओर घिरता आ रहा है
एक अनपेक्षित तनाव।

उतरता आ रहा है
विश्वास के दर्पण पर,
और ज़िंदगी के क्रॉस पर टंक कर,
अपने मन में लिपटे सत्य को
विषमताओं के काँटों में छिदने से पूर्व।

मैं सोचती हूं,
मैं सोचती हूं कि–
कितने भाग्यवान हैं वो लोग

जो दर्द के शीत में भी
भीतर की झील को जमने नहीं देते।
और अपनी ऊष्मा से
झील को झील ही रहने देते हैं।

उनकी झीलों में,
दर्द के लहराते किनारे
बस ठहर जाते हैं किनारे पर।
वे झील को भरने देते हैं
सपनों की नावों से,
जो हर तूफान से लड़कर
नए तटों की ओर बढ़ जाती हैं।

कभी-कभी सोचती हूं,
क्या मेरे भीतर भी
कोई किरण जग पाएगी?
क्या यह जमी हुई झील
फिर से बहना सीख पाएगी?
क्या कोई धूप इसे छूकर
फिर से तरल बना पाएगी?

लेकिन तब लगता है,
इस बर्फ के नीचे दबा
हर सपना, हर चाहत
एक दिन जगेगी।
यह झील भी
अपने ठहरे हुए सच को,

एक नई राह दिखाएगी।

तब तक,
यह झील मेरी आँखों में उतरती रहेगी।
और मैं उस दिन का इंतजार करूंगी,
जब दर्द भी
मुस्कान की भाषा में ढल जाएगा।

7. कैनवस

आज,
तुम मेरा
और मैं तुम्हारा
कैनवस बनाकर
जो रंग भर रहे हैं
मदिरा पी रहे हैं
अगर चाहती हो
कि हमारे पर
छांटे नहीं जाएं

तो आओ
थोड़ा और भी करीब
थोड़ा और
वादा करें
जिस्मानी मुलाकात से दूर रहें

आओ
करीब आओ
थोड़ा और करीब
जब तक
तुम्हारी सांसों की आंधी
मेरे पत्ते- पत्ते में
सरसराहट पैदा कर
मुझे उड़ाना न ले जाए

तुम
नहीं काया
ना ही आत्मा हो
मेरे लिए एक माहौल हो ,फैलाव हो
इसके पहले कि वह गहराई और विस्तार
कहीं सिकुड़ जाए
आओ वादा करें
जिस्मानी मुलाकात से दूर रहें

आज तुम्हारे चेहरे में से प्रेम का झरना
जो दौड़ा-दौड़ा मुझे घेर लेता है
महावृक्ष की छाया में
बैठने का चरम सुख मिल पाता है
इसके पहले कि वह नमी
और पनाह गायब हो जाए
आओ वादा करें
जिस्मानी मुलाकात से दूर रहें

8. रोवन पार्क

जब तुम मेरे दरवाज़े पर दस्तक देते हो,
सर्दियों की धूप
क्रोशिए वाली मेज़पोश पर चमकती है।

"यह शायद वहीं से आई होगी, जहां से मैं आती हूँ,"
मैं सोचती हूँ, हल्की सी लाज के साथ।

मैं बार-बार पूछती हूँ, "हम प्रकृति की उस पगडंडी पर जाएंगे,
क्या जाएंगे?"

तुम्हारे हाथ में कालिदास की किताब है,
और दूसरे हाथ में एक क्यूबाई सिगार।
मैं उत्तर की प्रतीक्षा करती हूँ।

मैं फिर पूछती हूँ,
"क्या वहां से मैं हर्बल लिप बाम खरीद सकती हूँ?"
तुम चुप रहते हो।

सिर्फ तुम्हारी बिल्ली दरवाजे की ओर इशारा करती है,
और हम चल पड़ते हैं।

फाटक पर,
हरे-भरे मैदान के उस पार,
तुम मुझे दिखाते हो–

पेड़ों का एक विशाल समागम।

उन विशाल वृक्षों के नीचे,
मैं देखती हूँ
सफेद लिली का एक जमघट।

9. अनकही बातें, अनछुए जज़्बात

एक परदेशी धरती,
जहाँ खिले थे कुछ सपने,
जहाँ वादियों की ठंडी हवा
हमारे कदमों से बातें करती थी।
वहां की हरियाली,
सूरज की मद्धम किरणें,
जैसे गुनगुनाती थीं हमारे अधूरे गीत।

तुम्हारे संग वो झील के किनारे
शांत जल में हमारी परछाइयाँ,
जैसे वो पानी भी
हमारी खामोशी को समझता था।
सफ़ेद गुलाब की वह गंध,
जैसे अनकही बातों का गवाह बन गई हो।

अब वो देश, वो लम्हे
सिर्फ यादों की परछाई हैं।
जहां बारिश की बूंदें
मेरे मन पर तुम्हारे होने का स्पर्श छोड़ जाती थीं।
जहां हर पतझड़
मुझे तुम्हारे साथ बिताए बसंत की याद दिलाता है।

तुम्हारे जाने के बाद,

वो हवाएँ अब ठंडी हो गई हैं,
सूरज की किरणें
जैसे दर्द की छांव बन गई हैं।
झील का जल अब
निराशा के आंसुओं-सा लगता है।

पर कभी-कभी,
उस परदेश की मिट्टी की गंध
मेरे भीतर कुछ जगाती है।
जैसे उस अजनबी धरती ने
हमारी अनकही प्रेम कहानी को संजो कर रखा हो।

क्या तुम्हें याद है?
वो अनकहे वादे, वो अनदेखे सपने,
जो उन पेड़ों के झुरमुट में खो गए थे।
अब हर शरद की सुबह,
मैं उस देश की ओर देखती हूँ,
जहां हमारे रिश्ते ने जन्म लिया था।

प्रकृति गवाह है,
हमारी अधूरी दास्तां का।
तुम्हारे बिन,
वो धरती भी अधूरी है,
और मैं भी।

10. काल की अनंत पगडंडी

काल की अनंत पगडंडी पर
अपनी अनथक यात्रा तय करते हुए, बार-बार मेरे मन ने
आग्रह से पूछा है कि--
वह क्या है जो
मुझे मुझसे दूर ले जाता है
और आरोपित नामों की इस भीड़ में नितांत अकेला कर
मुझे अनाम कर जाता है।

भीतर से बाहर की ओर
जाने का यह संघर्ष
खोलता है फिर दर्द के उन पृष्टहों को जो लिखे थे कभी
अपनी आंखों से
और मैं
समय के अंतरालों में
डूबने उतारने लगती हूं।

ढलते सूरज की उदास
कांपती हुई रक्तिम् किरणों
के धुंधलके में
बार-बार मेरे मन ने
विस्मय से पूछा है कि --
वह क्या है जो
इन घूमते हुए बादलों की भांति
मेरे भीतर उमड़ता रहता है

पर बरस नहीं पाता सावन के अभाव में
और एक अंचीनाह-अनपेक्षित क्षण आकर
कुछ इस तरह से चला जाता है
कि जैसे
किसी वस्तु की प्राप्ति से पहले ही उसके खोने का एहसास दिला
जाता है।

बार-बार मेरे मन ने
आग्रह से - विस्मय से
रीझ से - खीज से
रोष से - दुलार से
पूछा है -- बात तो
आखिर वह क्या है जो
अपरिचय के सूने पलों में
अनायास आ कर
मुझे मुझसे दूर ले जाकर
संपूर्णतः बांध कर भी
संपूर्णतः रिक्त छोड़ देता है।

पर मैं तो आज तक कुछ बता नहीं पाई
कि यह आकारहीन - वर्णहीन - रूपहीन - सा
क्या है जो
मुट्ठी में बंधी रेत- सा
उंगलियों के पोरों से रीत- रीत जाता है।

11. उत्तर

मैंने जो प्रश्न किया था,
उसका उत्तर शायद मैं पहले से जानती हूँ,
क्योंकि वह मैं ही हूँ,
जो अनकहे दर्द को शब्दों में ढालती हूँ।
वह जो मेरे भीतर उगता है,
वह मेरे ही भीतर का सत्य है,
जो मुझे हर बार
मुझसे दूर ले जाता है।

मेरे मन का यह संघर्ष
हर बार मुझे एक नए रूप में ढालता है,
वह दर्द, वह खालीपन,
मेरे भीतर के अस्तित्व की एक यात्रा है,
जो हर कदम पर मुझे खुद से मिलाती है,
मेरी पहचान को नया अर्थ देती है।

सावन की कमी में जो बरस नहीं पाया,
वह बारिश मेरे भीतर की नमी है,
जो कभी बाहर नहीं आ पाती,
पर हर बार मेरे भीतर
एक नई ऊर्जा छोड़ जाती है।
वह उमड़ता हुआ बादल
मेरे भीतर का संघर्ष ही है,
जो हर बार नया रूप लेता है,

मेरी आत्मा के पन्नों पर
नवीन रचनाएं लिखता है।

और वह जो 'अपरिचय' सा लगता है,
वह दरअसल मेरा आत्म-संवेदन है,
जो मेरी जिज्ञासा को शांत करने के बजाय
मेरे भीतर के भय को उजागर करता है।
लेकिन अब, मुझे यह लगता है
कि यह मुझसे दूर जाना नहीं,
बल्कि खुद से मिलने का एक तरीका है,
मेरे ही भीतर के अंधकार को समझने का।

अब, जब मैं खोने का डर महसूस करती हूँ,
तब मैं पा चुकी हूँ वह जो
मेरे अस्तित्व का हिस्सा था,
वह अनदेखा, अनसुना सच
जो हमेशा से मेरे साथ था,
मेरे हर कदम पर।

अब मैं जानने लगी हूँ
कि वह आकारहीन - रूपहीन -
वर्णहीन- सा अहसास
मेरी आत्मा का ही हिस्सा था,
जो अब मुझे अपने भीतर से
एक नया रास्ता दिखाता है,
एक नई यात्रा की ओर,

जो न सिर्फ मुझे खुद से जोड़ता है,
बल्कि मुझे पूरी सृष्टि से जुड़ने का अनुभव कराता है।

12. उत्तर कैरोलिना

वो दिन, जब उत्तर कैरोलिना की धूप
मेरे भीतर की चुप्प को छूने आई,
जहाँ हवा में एक नर्म स्वतंत्रता थी,
जो मेरे अस्तित्व के सबसे गहरे कोने में बसी थी।

वहाँ, जीवन के क्षण–
सिर्फ़ पल नहीं,
एक अर्थ, एक यात्रा की तरह थे।
सोचने का एकांत,
निर्णय लेने का आकाश,
हर दृश्य, हर संघर्ष,
जैसे अनुभवों की एक पुस्तक में नया पन्ना था।

यहाँ की धरती, जड़ें गहरी,
लेकिन खुले आकाश की तरह विस्तृत थी।
हर टहनी, हर पत्ते में
अपनेपन का बोध,
जैसे सभी सांस्कृतिक विविधताओं का अद्भुत मेल,
जहाँ हम सभी, अलग-अलग होते हुए भी एक थे।

गली-गली, जो जश्न का सा माहौल,
हमारे चाय के प्यालों में
नया स्वाद खोजता था,
बर्गर, पीज़ा,बिस्कुट–

इतिहास और पहचान की तरह,
जो यहाँ के लोगों ने मुझे अपनाना सिखाया था।

अजनबियत् की परिधि से बाहर,
मैंने सीखा–
स्वतंत्रता सिर्फ़ निर्णय लेने की नहीं,
बल्कि अपने भीतर के भय को छोड़ने की कला है।
यह स्वीकृति है, इस क्षण को गले लगाने की,
जैसे मैं और वह शहर,
एक-दूसरे में समाहित हो गए थे।

उत्तर कैरोलिना,
तुमने मुझे स्वतंत्रता दी,
केवल आकाश की नहीं,
मन की भी।
और अब,
मैं जानती हूँ कि--
जब मैं लौटूंगी वहाँ,
तो वहाँ की नर्म धूप
मेरे भीतर की गहराई में ही बसी होगी।

13. हिमजड़ित क्षण

कहते हैं
समय कभी ठहरता नहीं ,
पर कभी-कभी
जीवन में ऐसा भी होता है
कि - एक पल
आकर ठहर जाता है,
वहीं का वहीं --
जो व्यतीत नहीं होता
जिसमें कुछ घटित नहीं होता ,
एक हिमजड़ित
अवश्ता से घिर जाता है मन l

कितनी कठिन यातना है
कैसी पीड़ादायक अनुभूति है ,
एक ठहरे हुए जिंदा पल को
अपने भीतर अनुभव करना ,
और अनिश्चय का यह ठहरा हुआ
अंचीन्हा क्षण
चीर देता है अंतर को
एक तीखे नश्तर से आर- पार ,
लेकिन कुछ भी घटित नहीं होता
कुछ भी बीतता नहीं ,
ठहरा रहता है सब कुछ
वहीं का वहीं --

इस त्रास से
इस मर्मांतक पीड़ा से बिलबिलाते हुए अंतर पुकार उठना है --
ओ अनपेक्षित- अव्यतीत- आवाक् क्षण
कुछ तो कर
कुछ तो बीते मुझ पर
कुछ तो घटित हो
जो तोड़े इस दूर्दांत मौन को
घटना या दुर्घटना कुछ तो हो -
मौत- सा या जिंदगी -सा स्पष्ट
आखिर कुछ तो हो
सच !
कितना भयावह है
इस तरह अचानक एक पल का आकर ठहर जाना
और जीवन को गतिहीन कर जाना।

14. यंत्रणा

आज बहुत भीड़ है
मन के चौराहे पर ,
तरह-तरह के विचार आ जा रहे हैं,
सब आपस में गडमद होते जा रहे हैं
चारों ओर से है आना-जाना
बे रोक-टोक
दर्दनाक स्थित है
कभी भी हो सकती है कोई दुर्घटना।

पलकों में उलझा है आंसू
तभी तक है मोती --- गिरा तो बस पानी
एक विचार कहता है --
पी लो -- पीड़ा को भीतर ही भीतर
मत आने दो बाहर
ना ! मत करना नादानी
दूसरा विचार कहता है --
बहने दो बाहर
अंदर तो सपने हैं कच्चे रंगों के
ज़रा सा पानी लगा तो बिखर जाएंगे बह जाएंगे
यह रंगीन कागजी सपने
आंसू से गल जाएंगे -- बहने दो बाहर।

कितना कठिन होता है
एक यंत्रणा में जीना

और असंभव है
यूं ही जीते चले जाना।

15. एक नई आशा

आज मन के चौराहे पर
फिर बहुत भीड़ है।
ऐसा अक्सर तब होता है
जब मन आंदोलन कर बैठे।

आज मैं भी शामिल हूं
इस आंदोलन में,
इस तर्कों के प्रवाह में,
जो आता तो है आक्रोश से,
पर ठहर जाता है
जड़वत मन के ही किसी कोने में।

विचारों के इस जाल में,
कुछ पुरानी स्मृतियाँ,
कहीं छूटे हुए शब्द,
और अधूरे वादे,
मन को बार-बार खींचते हैं,
जैसे सवालों की लहरें
किनारे से टकरा रही हों।

भीतर एक शोर है,
जो मौन का मुखौटा पहनता है,
कभी तर्क करता,
कभी चुप रह जाता है।

यह शोर आत्मा से संवाद करता है,
पर उत्तर नहीं देता।

इस भीड़ में,
एक किरण उभरती है,
जैसे अंधकार में दीया जलता हो।
मन की गहराई से फूटती है
एक नई आशा—
शायद ये सवाल ही
मुझे मेरे उत्तरों तक ले जाएं।

16. बर्फ पिघलेगी

नहीं ऐसा नहीं है कि
शक्ति केवल वाणी में ही होती है
अनेक बार प्रश्न में उठी आंख
या तर्जनी में भी
इतिहास को बदल देने की शक्ति होती है
और जब किसी की निरीही आंखों में
एक जलता प्रश्न पैदा हो जाता है
तब उसे किसी भी आज्ञा या दंड से
दबाया नहीं जा सकता

क्या गरिमा या चरित्र या अधिकार
केवल शासक का ही होता है?
साधारण जन क्या कुछ नहीं होते?
मनुष्य के बोलने का अर्थ
क्या तुम जानते हो?

तुम- तुम जो कि शासक हो
सिंहासन पर बैठे अपने -आप को भूल बैठे हो
तुम बहरे हो चुके हो
इसलिए तुम शब्दों की भाषा नहीं समझ सकते
तुम्हारे चारों ओर उठी हुई है
बर्फ की दीवारें
इन्हीं ऊंचाइयों के भ्रम में भूले हो तुम

लेकिन मैंने यह देखा है
और तुमने भी अनुभव किया होगा
मैदाने में बहते हुए
उन शांत निर्झरों को
जो कभी बर्फ के बड़े-बड़े पर्वत थे
लेकिन सूरज की गर्मी
जिन्हें समतल पर ले आई है

तुम जो कि शासक हो
नहीं जानते कि
मेरे इस मौन में भी छिपा है
एक ज्वालामुखी
आत्म -सम्मान मुझ में भी है
और मुझे यह भी है ज्ञात
कि तुम्हारी ऊंचाइयों को
मेरी यह आंच जा छुयेगी कभी
और बर्फ पिघलेगी

17. एकांत का दबाव

मन बहुत सोचता है,
कि उदास न हो,
पर उदासी का साथ छोड़कर
जीवन को बहलाया कैसे जाए।

अंतर की पीड़ा,
जो शब्दों में कैद नहीं होती,
अपने ही साए से
छुपाया कैसे जाए।
एकांत की सघन छाया,
जो हर कोने में फैलती है,
उसका दबाव,
दिल से हटाया कैसे जाए।

खामोशी की ये गूंज,
जो हर विचार को चुप कर देती है,
उससे संवाद का पुल
बनाया कैसे जाए।
हर दिन के भीतर
एक रात छिपी होती है,
और हर मुस्कान के पीछे
कोई गहरा दर्द।

ये जीवन का संतुलन है,

जो हर कदम पर
हमें परखता है,
हमारे धैर्य को मापता है।
पर मन फिर भी प्रश्न करता है,
क्या ये उदासी ही मेरा साथी है?
क्या एकांत ही मेरा घर है?

या शायद,
ये वे रास्ते हैं
जहाँ से होकर
आत्मा अपनी मंज़िल तक पहुंचती है।
मैंने सीखा है,
कि उदासी भी एक गीत है,
जो दिल के सबसे गहरे कोने से निकलता है।

एकांत भी एक दर्पण है,
जो हमें हमारा असली रूप दिखाता है।
इनसे भागकर नहीं,
बल्कि इन्हें गले लगाकर
हम खुद को पाते हैं।
मन अब समझने लगा है,
कि हर दर्द में एक सीख है,
हर आँसू में एक रोशनी।

और उदासी के बिना,
शायद ख़ुशी का मूल्य
समझा ही न जाए।

जीवन का ये खेल,
इसी संतुलन पर टिका है–
जहाँ उदासी हमें संवेदनशील बनाती है,
और एकांत हमें मजबूत।

तो अब,
मन उदासी से लड़ता नहीं,
बल्कि उसे अपना मित्र मानता है।
एकांत का दबाव
अब बोझ नहीं,
बल्कि आत्मा की गहराई में
डूबने का अवसर है।
और इस तरह,
मन हर क्षण को
एक नई शुरुआत की तरह जीता है।

18. भटकती रही मैं जीवन भर

जीवन की अंधी दौड़ से बचकर मैं
तलाशती रही एक ऐसी जगह
जहां बैठकर बेफिक्री से लिख पाती,
मिल पाती अपने से,
आंखें मूंद कर चुपचाप
खो जाती अपने अंतर मन में l

हरदम चक्कर खाते चौबीस घंटों में से
बस इतना सा समय चाहती थी मैं,
जिसे आसानी से छुपा कर रख लेती
अपनी हथेली में एक नटखट बच्चे की तरह ,
जो एक नन्ही सी टाफी को ही
अपने जीवन की सबसे अनमोल निधि मानकर
छुपा लेना चाहती है उसे संसार भर सेl

मैं भी थोड़ा सा समय छुपा लेना चाहती थी
अपनी हथेली में
और कोई यह ना पूछता कि
मैंने उसे कैसे किया खर्च l

भावनाओं की दुनिया से
कुछ ऐसे शब्द ढूंढ लेना चाहती थी मैं
जिनका सीधा -सच्चा अर्थ होता,
प्रेम -प्रीति, जीवन और नीति जैसे शब्द

बदल ना लेते अपने अर्थ इस स्वार्थी दुनिया में।

बस यही तो चाहा था मैंने
बस इतना ही तो मांगा था मैंने
इस पहाड़ से जीवन से
और इसके लिए भटकती रही मैं जीवन भर।

19. New Poem